Aimer plusieurs fois les mauvaises personnes... jusqu'à aimer la bonne, plus fort.

Harmonie J.

© 2025 Harmonie J.
Édition : BoD · Books on Demand, 31 avenue Saint-Rémy, 57600 Forbach, bod@bod.fr
Impression : Libri Plureos GmbH, Friedensallee 273, 22763 Hamburg (Allemagne)
ISBN : 978-2-3226-6221-0
Dépôt légal : Mai 2025

J'ai aimé plusieurs fois. Et trop souvent, j'ai aimé les mauvaises personnes. Celles qui n'étaient pas prêtes, pas honnêtes, pas bienveillantes. Celles qui prenaient sans jamais donner, ou donnaient pour mieux reprendre. J'ai cru à leurs mots, j'ai pardonné leurs silences. J'ai mis de la lumière là où il n'y avait que des ombres, et j'ai attendu, longtemps, qu'ils me voient, qu'ils m'aiment vraiment, qu'ils choisissent de rester.

Chaque relation m'a laissée un peu plus vide, un peu plus méfiante. J'ai appris à douter de moi, à me suradapter, à vouloir mériter l'amour au lieu de le recevoir comme quelque chose de naturel. Ces amours-là ont laissé des cicatrices que je ne voulais plus regarder. Mais quelque part au fond de moi, je n'ai jamais cessé de croire en l'amour. Le vrai. Celui qui ne fait pas mal. Celui qui apaise.

Et puis, un jour, il est arrivé. Pas comme un feu d'artifice, pas comme un film dramatique. Mais comme une évidence douce, une caresse sur une plaie ancienne. Il m'a aimée sans bruit, sans jeu, sans conditions. Il ne m'a pas demandé de changer, il m'a acceptée, telle que je suis. Il a vu mes fêlures, mes fragilités, mes peurs... et il est resté.

Grâce à lui, j'ai retrouvé mon énergie féminine. Celle que j'avais enterrée pour survivre dans mes relations passées. Aujourd'hui, je me sens femme, pleinement. Aimée, chérie, écoutée. Je n'ai plus besoin de me battre pour exister dans le regard de l'autre. Je n'ai plus besoin de supplier pour être choisie. Je suis déjà choisie, chaque jour, sans que j'aie à mendier quoi que ce soit.

Mais vivre une relation saine, après avoir connu la toxicité, c'est un défi. Parfois, mon corps panique sans raison, mon cœur doute, ma tête imagine le pire. Je me surprends à attendre la chute, parce que pendant longtemps, aimer a été synonyme de souffrir. Il faut réapprendre à faire confiance, à se sentir en sécurité, à ne pas interpréter l'amour comme un piège.

C'est dans cette relation que je guéris. Chaque geste tendre, chaque regard sincère, chaque mot rassurant me réapprend que l'amour peut être un refuge. Ce n'est pas toujours facile, mais c'est profondément beau. Et aujourd'hui, je peux le dire avec certitude : après avoir aimé les mauvaises personnes, aimer la bonne, c'est aimer plus fort, mais surtout, aimer mieux.

"Aimer mieux, après s'être perdue"

Chapitre 1 – Aimer les mauvaises personnes

On ne choisit pas toujours en conscience les premières personnes qu'on aime. On les désire, on les attend, on les espère, mais souvent, on les reconnaît inconsciemment. Quelque chose en elles nous rappelle un manque, une blessure, une attente non comblée. On pense que c'est de l'amour, alors que c'est parfois une tentative de réparation.

J'ai aimé des personnes qui n'étaient pas prêtes à m'aimer. Des personnes qui prenaient plus qu'elles ne donnaient. J'ai connu les excuses à répétition, les silences punitifs, les mots doux suivis de l'indifférence. Et malgré tout, je restais. Parce que je croyais que je devais me battre pour être aimée. Parce que j'avais appris que l'amour se méritait.

Ces relations ne m'ont pas rendue heureuse. Mais elles m'ont fait croire que je ne méritais rien de mieux. Chaque départ me laissait vide, chaque retour me redonnait l'illusion de l'espoir. C'était un cycle, un manège émotionnel dont je ne savais pas comment descendre.

Mais la vérité, c'est que j'avais peur. Peur d'être seule. Peur de ne jamais retrouver quelqu'un. Peur que mon cœur soit trop compliqué à aimer. Alors j'acceptais des miettes, pensant que c'était ça, l'amour.

Aujourd'hui, je comprends que ce n'était pas moi le problème. Ce n'était pas mon trop d'amour, ni mon besoin d'attention, ni ma sensibilité. Ce qui clochait, c'était le choix de ces mauvaises personnes. Pas mauvaises dans leur être, mais mauvaises pour mon cœur, pour ma paix intérieure.

Aimer les mauvaises personnes, ce n'est pas une fatalité. C'est souvent un passage. Un appel à mieux se connaître, à reconnaître ce que l'on mérite, à ne plus confondre amour et chaos. Ce chapitre-là de ma vie m'a enseigné une chose essentielle : on peut aimer fort, et se tromper. Et ce n'est pas une honte. C'est humain.

Chapitre 2 – L'illusion de l'amour

Il m'a fallu du temps pour comprendre que ce que je prenais pour de l'amour n'en était souvent qu'une imitation. Un mirage dans le désert de mes besoins affectifs. J'avais soif de reconnaissance, de sécurité, de tendresse. Et face à quelqu'un qui savait me charmer, j'étais prête à croire à une oasis.

Mais l'illusion est perfide. Elle se cache dans les regards intenses, les belles promesses, les débuts passionnés. Elle se glisse dans les mots "je t'aime" prononcés trop vite, dans les messages nocturnes qui semblent urgents, dans la possessivité déguisée en preuve d'attachement.

Je confondais l'adrénaline avec la profondeur. La jalousie avec l'intérêt. Le manque avec le lien. Et plus je doutais, plus je m'attachais. Car dans cette instabilité, j'avais l'impression de vivre quelque chose de fort. En réalité, je vivais quelque chose de confus.

L'illusion de l'amour, c'est aussi croire qu'il faut mériter d'être choisie. Qu'en étant plus douce, plus compréhensive, plus patiente, l'autre finira par changer. Qu'on guérira ses blessures à force d'amour. Mais aimer ne sauve pas. Aimer ne suffit pas.

Ce qu'il manquait à ces relations, c'était la réciprocité. La vraie. Celle où l'on donne et où l'on reçoit. Celle où l'on est vu, entendu, respecté. J'étais prête à donner tout ce que j'avais sans jamais poser la question : "Et moi, qu'est-ce que je reçois ?"

L'illusion de l'amour s'effondre un jour. Quand on est trop fatiguée pour continuer à espérer. Quand on se réveille en se sentant vide à côté de quelqu'un. Quand on réalise que l'amour ne devrait pas faire peur, ne devrait pas blesser, ne devrait pas se négocier.

C'est en traversant cette illusion que l'on peut, un jour, entrevoir la vérité. L'amour ne fait pas mal. Ce qui fait mal, c'est l'absence d'amour, déguisée en présence.

Chapitre 3 - Le poids des blessures

Quand on a aimé les mauvaises personnes, on ne repart pas indemne. Même quand la relation est finie, elle laisse des traces. Invisibles pour les autres, mais lourdes à porter. Ce sont des réflexes, des peurs, des pensées ancrées qui continuent à vivre en nous, longtemps après que l'autre est parti.

Chaque fois qu'on a été ignorée, on apprend à ne plus parler trop fort. Chaque fois qu'on a été rabaissée, on apprend à douter de sa valeur. Chaque fois qu'on a été trompée, on apprend à ne plus faire confiance. Et à force, on n'aime plus avec le cœur grand ouvert, mais avec la peur au ventre.

Ces blessures sont sournoises. Elles nous poussent à surveiller le téléphone, à analyser chaque silence, à interpréter chaque mot. Elles nous empêchent d'être pleinement là, dans le moment, parce qu'on anticipe déjà la chute. On se méfie de ce qui est doux, de peur que ce soit trop beau pour être vrai.

Parfois, on devient l'ombre de soi-même dans une relation, par peur de déranger, de déplaire, de perdre. On s'efface, on se tait, on s'adapte. Non pas par amour, mais par instinct de survie. Parce qu'on a appris que notre vérité était trop. Que nos émotions faisaient fuir. Que nos besoins dérangeaient.

Mais ce ne sont pas les besoins qui sont le problème. Ce sont les mauvaises personnes qui n'ont pas su les accueillir.

Reconnaître ses blessures, c'est déjà faire un pas vers la guérison. Ce n'est pas se victimiser. C'est accepter que ce qu'on a vécu a laissé des empreintes, mais que ces empreintes ne définissent pas ce que l'on est. Ni ce que l'on mérite.

Les blessures nous apprennent aussi à poser des limites, à dire non, à nous écouter. Elles deviennent des balises, pas des chaînes. Mais pour cela, il faut d'abord leur faire face. Avec douceur. Avec patience. Avec amour de soi.

Chapitre 4 – La solitude choisie

Après avoir aimé dans la confusion, dans l'attente, dans la peur... vient souvent une étape étrange : celle du vide. Le silence après le vacarme. L'absence après l'agitation. Et pour beaucoup, cette solitude fait peur. Parce qu'on s'est habituée à ne pas être seule, même mal accompagnée.

Mais il y a une différence fondamentale entre la solitude subie et la solitude choisie.

La solitude choisie, c'est celle où l'on ne fuit plus vers les bras du premier venu pour combler un vide. C'est celle où l'on reste seule, non pas par désespoir, mais par nécessité. Parce qu'on ne veut plus se trahir pour être aimée. Parce qu'on décide de ne plus confondre attachement et amour. Parce qu'on a besoin de retrouver qui l'on est, quand personne ne nous regarde.

C'est une période inconfortable, parfois longue. On vacille, on doute. On se demande si on a eu raison de partir, de dire non, de se choisir. Il y a des moments où l'on se sent forte... et d'autres où l'on pleure dans le noir, en silence, en se demandant si l'on va un jour rencontrer quelqu'un qui aimera vraiment.

Mais dans cette solitude, on se reconstruit. On renoue avec soi. On apprend à s'écouter, à poser ses limites, à identifier ce que l'on ne veut plus jamais vivre. On ne cherche plus à être aimée à tout prix : on cherche à s'aimer assez pour ne plus s'abandonner.

C'est là, dans cet espace de calme, que naît une nouvelle version de soi. Une femme qui n'attend plus d'être complétée, mais simplement respectée. Une femme qui préfère être seule que mal accompagnée. Une femme qui ne fera plus de compromis sur sa paix.

Et c'est souvent à ce moment précis – quand on ne cherche plus, mais qu'on est prête – que la vie place sur notre chemin quelqu'un qui ne ressemble à aucun des précédents.

Chapitre 5 – L'arrivée de l'amour sain

Il ne s'est pas annoncé avec fracas. Il n'a pas cherché à m'impressionner. Il n'a pas chamboulé mon monde en une seconde. Non. Il est arrivé doucement, avec patience, comme quelqu'un qui sait que l'on construit ce qui dure, pas ce qui éblouit.

L'amour sain ne ressemble en rien à ce que j'avais connu auparavant. Il ne fait pas mal. Il n'est pas un défi à relever, ni un mystère à élucider. Il n'y a pas de jeux, pas de silences punitifs, pas d'ascenseurs émotionnels. Il est là. Stable. Présent. Constant.

Et au début, cela m'a déstabilisée.

Parce que j'étais habituée à l'intensité, à l'urgence, à la passion douloureuse. J'étais habituée à attendre, à douter, à prouver. Alors quand j'ai rencontré quelqu'un qui ne me faisait pas douter de sa présence, qui me parlait avec douceur, qui me regardait avec attention... j'ai eu peur. Peur de m'ouvrir. Peur d'y croire. Peur que ce soit trop beau, ou trop calme pour être vrai.

Mais jour après jour, il est resté. Il a écouté mes silences, accueilli mes doutes, rassuré mes insécurités sans les juger. Il n'a pas cherché à me sauver, mais à m'accompagner. Il n'a pas fui ma vulnérabilité : il l'a respectée.

Aimer sainement, c'est se sentir libre et en sécurité. C'est pouvoir dire ce qu'on ressent sans avoir peur d'être quittée. C'est pouvoir poser ses limites sans être punie. C'est être soi, sans se déformer pour correspondre à ce que l'autre attend.

C'est découvrir que l'amour peut être un refuge, et non un champ de bataille. Qu'on peut se réveiller apaisée, et non anxieuse. Que l'on peut bâtir à deux, sans sacrifier l'une des deux personnes.

L'amour sain n'efface pas les blessures du passé, mais il offre un espace où elles peuvent enfin guérir.

Chapitre 6 – Ma renaissance dans l'énergie féminine

Avec lui, je me suis sentie revenir à moi. À celle que j'avais étouffée, trop longtemps muselée par la peur, l'hypervigilance, l'obligation d'être forte. Je n'avais plus besoin de prouver, de contrôler, de devancer. J'ai pu respirer. M'abandonner. Lâcher prise. Retrouver mon énergie féminine.

Ce que j'appelle mon énergie féminine, ce n'est pas une faiblesse. Ce n'est pas une soumission. C'est un retour à la douceur, à l'intuition, à l'accueil, à la fluidité. C'est la possibilité d'exister pleinement dans la sensibilité, sans me sentir en danger. C'est de pouvoir m'ouvrir, être vulnérable, sans être blessée.

Avant lui, j'étais sur mes gardes. Toujours. Je portais une armure. Je me préparais à tout moment à devoir me défendre, me justifier, me battre. Mon énergie masculine était suractivée, parce que je pensais que je devais me protéger pour survivre à l'amour.

Avec lui, j'ai compris que je pouvais enfin déposer les armes. Il n'a jamais abusé de ma confiance. Jamais manipulé mes émotions. Jamais joué avec mes failles. Il m'a regardée avec tendresse, même dans mes moments les plus fragiles. Et c'est cela qui m'a permis de renaître.

J'ai retrouvé le plaisir des gestes simples : me faire belle pour moi, m'exprimer librement, créer, danser, aimer avec délicatesse. Je me suis remise à rêver, à écrire, à prendre soin de moi autrement, sans attente, sans pression. J'ai repris possession de mon corps, de ma voix, de mon espace.

Dans une relation saine, j'ai appris que l'on n'a pas besoin de crier pour être entendue. Ni de se sacrifier pour être aimée. Que l'on peut être femme dans toute sa puissance... en étant douce, réceptive, ouverte.

Et c'est dans cette énergie-là que je me sens entière.

Chapitre 7 – Réapprendre à faire confiance

Même quand l'amour est bon, le passé ne s'efface pas d'un claquement de doigts. Même quand l'autre est doux, attentionné, sincère... il y a des jours où la peur revient. Où l'on doute sans raison. Où l'on attend inconsciemment que tout s'écroule. Parce qu'on a appris à se méfier. À anticiper la chute. À se protéger, parfois même de l'amour.

Faire confiance, après avoir été blessée, c'est un acte de courage. Ce n'est pas quelque chose qui se décide une fois pour toutes. C'est un choix quotidien. Un choix vulnérable. Un choix risqué. Mais un choix libérateur.

Il y a eu des jours où mon cœur battait un peu plus vite lorsqu'il ne répondait pas tout de suite. Où une parole maladroite faisait ressurgir de vieilles blessures. Où je me demandais : "Et si c'était comme avant ?" Ces pensées ne venaient pas de lui. Elles venaient de moi. De mon histoire. De mes cicatrices.

Mais il ne m'a jamais reproché ma peur. Il ne m'a pas dit que j'étais "trop compliquée", "trop sensible" ou "trop abîmée". Il a compris que si je doutais, ce n'était pas de lui, mais de ce que j'avais vécu. Et que si je restais malgré tout, c'est parce que je voulais apprendre. Guérir. Aimer mieux.

Faire confiance, c'est accepter qu'on ne peut pas tout contrôler. Qu'on ne peut pas exiger de garanties. C'est croire en ce que l'on ressent, plus qu'en ce que l'on craint. C'est regarder l'autre avec le cœur ouvert, même quand la peur voudrait qu'on se replie.

Et petit à petit, la peur diminue. Non parce qu'elle disparaît totalement, mais parce que l'amour devient plus fort qu'elle.

Chapitre 8 – Les petites attentions qui comptent

L'amour sain se cache dans les détails. Dans les petites attentions qui, à première vue, semblent insignifiantes, mais qui, lorsqu'elles sont répétées, créent un océan de tendresse et de sécurité.

Avant lui, je croyais que l'amour était une grande déclaration, un événement marquant, une promesse grandiose. Je croyais que l'amour se mesurait à l'intensité des gestes spectaculaires. Mais il m'a appris que c'était dans le quotidien, dans les moments simples, que l'on voit la véritable profondeur d'une relation.

Un sourire à travers la cuisine, un café préparé avant que je ne me réveille, un mot doux au milieu de la journée. C'est la façon dont il se souvient des petites choses que j'aime, des détails de ma vie. C'est l'écoute sincère quand je parle de mes préoccupations, même les plus petites. C'est l'attention portée à mes silences, aux moments où je ne dis rien, mais où je ressens tout.

L'amour sain ne crie pas. Il murmure. Il se niche dans l'attention à l'autre. Dans le respect des besoins de chacun, dans l'empathie. C'est dans ces moments-là que l'on sent l'amour se renforcer. Quand on comprend que l'autre voit, entend et prend soin de nous, même sans qu'on ait besoin de le demander.

Ces petites attentions sont des preuves d'amour, mais aussi des preuves de respect. Elles montrent qu'on est prêt à investir dans l'autre, qu'on prend en compte ses envies, ses besoins, ses humeurs. Elles montrent qu'on ne se prend pas l'un l'autre pour acquis.

Et dans ces gestes simples, je me sens aimée. Vraiment aimée.

Chapitre 9 – Le lâcher-prise dans l'amour

L'amour sain n'est pas une quête incessante. Ce n'est pas un objectif à atteindre, ni une montagne à gravir. C'est un voyage partagé, dans lequel on avance à deux, mais sans chercher à forcer, à imposer, à étouffer.

Avec lui, j'ai appris à lâcher prise. À accepter que l'on ne peut pas tout contrôler, que l'amour, comme la vie, suit son propre rythme. Je n'ai plus à me demander s'il m'aime ou pas, s'il va rester ou partir. Parce que je sais qu'il est là, de manière authentique, présente et sereine.

Lâcher prise, c'est laisser l'autre être qui il est, sans vouloir le changer. C'est accepter ses imperfections, ses limites, ses différences. Ce n'est pas chercher à réparer ou à "améliorer" l'autre, mais simplement l'accepter dans sa totalité.

Avant lui, j'avais toujours eu cette tendance à vouloir tout régler, à tout anticiper, à garder le contrôle. J'avais peur du chaos, de l'incertitude. Je pensais qu'aimer signifiait tout maîtriser, tout comprendre, tout définir. Mais l'amour sain m'a montré que la véritable liberté dans une relation, c'est celle de pouvoir être soi, sans pression, sans attentes excessives.

L'amour, ce n'est pas une chaîne, mais un lien doux, qui ne nous empêche pas de respirer. C'est l'opposé du besoin d'être en contrôle. C'est la capacité de faire confiance, d'accepter les hauts et les bas, et de marcher côte à côte, sans s'accrocher l'un à l'autre, mais en étant présents l'un pour l'autre.

Dans cet espace de lâcher-prise, j'ai découvert une nouvelle forme d'amour : un amour où je ne cherche plus à plaire à tout prix, mais où je m'autorise à être aimée telle que je suis, avec mes défauts, mes doutes, mes incertitudes. Un amour où l'on se soutient, mais sans étouffer. Un amour qui laisse la place à l'évolution, à la croissance.

Chapitre 10 – La paix retrouvée

Aimer quelqu'un de sain, c'est trouver une paix intérieure que je n'avais jamais connue avant. Une paix qui ne vient pas de l'absence de conflits, mais de l'acceptation de soi et de l'autre dans sa totalité. C'est la paix d'être vu, compris, respecté. C'est la tranquillité qui naît quand on sait que l'on peut être soi-même, sans artifice, sans crainte de jugement.

Avec lui, je n'ai plus à me cacher. Je n'ai plus à avoir peur des silences, des désaccords ou des désirs non exprimés. Parce que, dans cette relation, il y a une confiance solide, un espace de compréhension et d'écoute. C'est dans ce silence partagé que l'on se trouve, non pas dans l'agitation, mais dans la sérénité d'être ensemble, simplement.

Cette paix, c'est aussi celle de me sentir libre. Libre d'être moi, sans chercher constamment l'approbation. Libre de m'investir dans la relation sans me perdre. Libre de donner et de recevoir de l'amour sans obligation ni pression. C'est la liberté de choisir d'aimer, non pas par nécessité, mais par envie, par plaisir.

Avant lui, j'étais constamment en alerte. Toujours à me poser des questions. Toujours à douter. Toujours à chercher une certitude que je n'obtenais jamais. Mais aujourd'hui, je sais que l'amour ne doit pas être une source de stress, mais de paix. Et je n'ai plus de place dans ma vie pour des relations qui ne m'offrent pas cette tranquillité.

Aujourd'hui, je sais que l'amour peut être une paix active. Un espace où je peux exister sans craindre que ma place soit remise en question. Où l'on construit ensemble, mais chacun à son rythme, avec ses propres besoins et ses propres désirs. Un amour où la sécurité, la compréhension et le respect sont les fondations solides, sur lesquelles je peux enfin poser mes valises et me reposer.

Et c'est là, dans cette paix retrouvée, que je découvre enfin ce qu'aimer vraiment signifie. C'est un amour calme, mais profond. Un amour qui ne cherche pas à brûler, mais à réchauffer. Un amour qui nourrit, sans épuiser. Un amour qui, sans jamais crier, fait écho dans chaque petit geste, dans chaque regard.

Ce dernier chapitre clôture cette réflexion sur l'amour sain.

Conclusion – L'amour transformateur

Aimer plusieurs fois, mais toujours les mauvaises personnes, nous forge. Cela nous montre ce que nous ne voulons plus, ce que nous devons fuir, ce que nous devons éviter à tout prix. Mais paradoxalement, ces épreuves nous préparent à accueillir la vraie douceur de l'amour sain.

Je l'ai vécu : l'amour sain arrive quand on cesse de chercher à le forcer, à le vouloir à tout prix, et quand on commence à se choisir soi-même. À partir du moment où l'on cesse de se perdre dans des relations toxiques et que l'on apprend à se respecter, on ouvre la porte à la possibilité d'un amour qui nous complète, mais qui ne nous définit pas. Un amour où l'on peut se déployer, grandir et s'épanouir, tout en restant fidèle à soi-même.

Cet amour doux et attentionné, celui qui ne cherche pas à posséder ni à contrôler, mais à partager, à soutenir, à honorer l'autre dans sa beauté la plus pure, est celui que l'on mérite tous. Il est le fruit de la guérison, de la réconciliation avec soi-même, et de la capacité à donner et recevoir sans attentes toxiques.

Et c'est dans ce processus d'amour véritable, sain et équilibré, que l'on se trouve enfin. Non plus dans la douleur, la peur ou la lutte, mais dans la paix, la compréhension, et la tranquillité. Dans cet amour, on comprend que l'on n'a jamais besoin de se perdre pour être aimé. On apprend que l'amour n'est pas une conquête, mais un chemin partagé où chacun peut grandir, en étant lui-même, à son propre rythme.

Le véritable amour est celui qui nous permet de respirer, de nous épanouir, d'être libres, tout en étant là pour l'autre, avec attention et tendresse. C'est l'amour qui transforme, qui guérit et qui construit, doucement, patiemment, pour durer.

Cette conclusion marque la fin de ton exploration de l'amour sain et du voyage intérieur vers soi.

Je tiens à remercier tous ceux qui ont croisé mon chemin et qui ont contribué à ce livre, en particulier mes proches, amis et mon partenaire, pour leur soutien, leur amour et leur patience.

Ce livre est dédié à ceux qui, malgré les blessures passées, continuent de croire en un amour sain et véritable. Puissiez-vous trouver la paix et la douceur dans vos relations.

Merci à la vie pour ses leçons et son soutien qui ont contribués à cette aventure.